Animales del desierto

de **Sharon Gordon**

Asesora de lectura: Nanci R. Vargus, Dra. en Ed.

Marshall Cavendish
Benchmark
Nueva York

Palabras ilustradas

 coyote

 halcón

 lagarto

 liebre

 lince

 murciélago

 serpiente de cascabel

 sol

Muchos animales del desierto se refugian del calor del .

El descansa en la sombra.

La brinca a un arbusto.

El vuela hacia una cueva.

El se echa bajo una roca.

El vuela hacia un árbol.

La descansa en un hoyo.

El se echa junto a un arbusto.

Yo también me cuido del calor del .

Palabras para aprender

animales seres vivos que se mueven

arbusto planta que crece cerca del suelo

cueva apertura en una colina

desierto lugar cálido y seco

Datos biográficos de la autora

Sharon Gordon es autora, editora y redactora publicitaria. Es egresada de la Universidad Estatal de Montclair en Nueva Jersey y ha escrito más de cien libros para niños, varios para Marshall Cavendish, entre los que se incluyen trabajos de ficción, no ficción e historia cultural. Junto con su familia, disfruta explorar la fauna y la flora de Outer Banks, Carolina del Norte.

Datos biográficos de la asesora de lectura

Nanci R. Vargus, Dra. en Ed., quiere que todos los niños disfruten con la lectura. Ella solía enseñar el primer grado. Ahora trabaja en la Universidad de Indianápolis. Nanci ayuda a los jóvenes para que sean maestros. Solía vivir cerca del Desierto de Mojave en el sur de California.

Marshall Cavendish Benchmark
99 White Plains Road
Tarrytown, NY 10591
www.marshallcavendish.us

Library of Congress Cataloging-in-Publication Data
Gordon, Sharon.
[Desert animals. Spanish]
Animales del desierto / por Sharon Gordon.
p. cm. – (Rebus. Animales salvajes)
Includes index.
ISBN 978-0-7614-3427-6 (Spanish edition) – ISBN 978-0-7614-2898-5 (English edition)
1. Desert animals–Juvenile literature. I. Title.
QL116.G6718 2008
591.754–dc22
2008018211

Editor: Christine Florie
Publisher: Michelle Bisson
Art Director: Anahid Hamparian
Series Designer: Virginia Pope

Traducción y composición gráfica en español de Victory Productions, Inc.
www.victoryprd.com

Photo research by Connie Gardner

Rebus images, with the exception of coyote and jackrabbit, provided courtesy of *Dorling Kindersley*.

Cover photo by Gary Meszaros/Dembinsky Photo Associates

The photographs in this book are used by permission and through the courtesy of:
Darrell Gulin/CORBIS, p. 2 (jackrabbit); George H. Huey/CORBIS, p. 3 (coyote); *Animals, Animals*: Sylvilagus
auduboni, 5; George H. Huey, 7; Joe McDonald, 19; *Minden Pictures*: Michael and Patricia Fogden, 9;
Getty Images: Michael Durham, 11; *Digital Railroad*: Heidi and Hans Jurgen Koch, 17; *Art Life Images*: age
fotostock, 13; *Corbis*: Lynda Richardson, 15; Karen Hunt, 21.

Impreso en Malasia
1 3 5 6 4 2